Ute Iparraguirre De las Casas / Gudrun Schmitt

Tontöpfe

bunt und originell

im Material-Mix

Fotos: frechverlag GmbH, 70499 Stuttgart;
Fotostudio Ullrich & Co., Renningen

Dieses Buch enthält:
1 Vorlagenbogen

Auflage: 5.
Jahr: 2006 2005 2004 2003 2002 | Letzte Zahlen maßgebend

frechverlag GmbH, 70499 Stuttgart
Druck: frechdruck GmbH, 70499 Stuttgart

ISBN 3-7724-3066-X · Best.-Nr. 3066

Schlichte Tontöpfe eignen sich nicht nur zum Bepflanzen – mit Farbe und ein paar netten Accessoires wird aus einem einfachen Terrakotta-Topf ein origineller Blickfang! Sie können z. B. im Nu tolle Geschenkverpackungen für verschiedene Anlässe zaubern, witzige Mobiles gestalten oder mit Kerzenhaltern maritime Atmosphäre auf Ihren Esstisch bringen. Lassen Sie fröhliche Marienkäfer fliegen, erfreuen Sie sich jeden Morgen an Ihrer persönlichen Zeitungsfrau oder erweitern Sie Ihre Weihnachtsdekoration mit Engel, Nikolaus und Weihnachtsbaum aus Tontöpfen.

Wir hoffen Sie mit unseren neuen Ideen begeistern zu können! Sie werden zu Hause oder draußen viel Freude an Ihren selbst gemachten Dekorationsstücken haben.

Viel Spaß beim Malen und kreativen Gestalten
wünschen Ihnen Ihre

Ute Iparraguirre De las Casas

Gudrun Schmitt

Die wichtigsten Materialien

- Tontöpfe und Untersetzer in verschiedenen Größen
- Lufttrocknende Modelliermasse
- Terrakotta-Stifte, Plaka-Farbe oder Patio-Paint in verschiedenen Farben
- Plusterfarbe
- Granitfarbe
- Holzleim, Kraftkleber, Sekundenkleber
- Klarlack
- Holzperlen in verschiedenen Größen und Farben
- Mobile- oder Schaschlikstäbe
- Chenilledraht
- Basteldraht
- Pompons
- Moosgummi
- Bambusstäbe
- Wackelaugen
- Transparent- oder Pauspapier, Kohlepapier
- Bleistift
- Filz
- Bast
- Tüll

Die Maßangaben für die Tontöpfe beziehen sich immer auf den oberen und den unteren Durchmesser.

So wird's gemacht

Das Malen mit dem Terrakotta-Stift

Wir haben alle Objekte mit Terrakotta-Stiften bemalt. Sie können aber auch die links aufgeführten Farben verwenden. Der Terrakotta-Stift ist hochkonzentriert, deckend, wasserlöslich und schnelltrocknend. Vor dem ersten Gebrauch müssen Sie den Stift kräftig schütteln. Drücken Sie die Spitze mehrmals auf ein Stück Papier bis Farbe austritt. Auf dem Werkstück selbst sollten Sie nicht nachdrücken, da bei zu starkem Druck Farbe ausläuft.

Zum Übertragen der Vorlagen vom Vorlagenbogen auf die Tontöpfe benötigen Sie Transparent- oder Pauspapier sowie Kohlepapier. Pausen Sie das entsprechende Motiv vom Vorlagenbogen auf das Transparent- oder Pauspapier ab. Grundieren Sie nun zunächst Ihren Tontopf in der entsprechenden Farbe. Lassen Sie die Farbe immer gut trocknen, bevor Sie mit einem neuen Farbanstrich beginnen. Wenn die Grundierung gut getrocknet ist, übertragen Sie das Motiv mit dem Kohlepapier auf den Topf. Hierzu legen Sie das abgepauste Motiv auf das Kohlepapier, welches mit der beschichteten Seite auf den Tontopf gelegt wird. Nun ziehen Sie die Konturen

Unser Tipp

Wenn Ihre Objekte im Freien stehen müssen Sie sie mit einem Klarlacküberzug wisch- und wasserfest machen. Den entsprechenden Klar lack erhalten Sie im gutsortierten Bastelhandel.

des Motivs mit mäßigem Druck – am besten mit einem Bleistift – nach. Anschließend können Sie die Konturen mit der entsprechenden Farbe nachzeichnen.

Unser Tipp
Um einen intensiveren Farbglanz zu erhalten, haben wir mehrere Farbschichten aufgetragen.

Das Modellieren mit der Modelliermasse

Bei einigen Objekten wird zur Verzierung der Tontöpfe mit Modelliermasse gearbeitet. Dazu haben wir an der Luft trocknende Modelliermasse verwendet, die nicht gebrannt werden muss. Das Trocknen dauert ca. 24 Stunden. Kneten Sie zunächst die Masse gut durch und modellieren Sie immer mit sauberen Händen. Formen Sie z. B. Blütenblätter, indem Sie ca. 3 cm lange Stücke Modelliermasse zu einer Rolle „rollen" (ca. 0,5 cm dick) und dann eine Seite etwas breit drücken, die andere Seite spitz zulaufen lassen. Für flache Motive wird die Masse einfach nur ausgerollt und entsprechend der Vorlage ausgeschnitten. Hierzu fertigen Sie sich eine Schablone aus Tonkarton an. Nach dem Trocknen können die modellierten Gegenstände noch mit Modelliermasse nachbearbeitet werden, falls durch Temperaturschwankungen während des Trocknens Risse entstanden sind. Anschließend können Sie die Modelle anmalen. Reste der Modelliermasse bewahren Sie bitte im geschlossenen Plastikbeutel auf.

Das Zusammenfügen der Figuren

Am besten fügen Sie die Figuren mit Holzleim zusammen. Kleine Accessoires können Sie mit Sekundenkleber oder Kraftkleber fixieren.

Unser Tipp
Schön ist es auch, wenn Sie aus den Tontöpfen Geschenkverpackungen arbeiten. Hierzu werden die Töpfe wie ein Geschenkpaket mit Bast zusammengebunden.

Windspiele und Mobiles

Zum Zusammenfügen der Windspiele und Mobiles haben wir Bast verwendet. Außerdem benötigen Sie große Holzperlen. Legen Sie die Tontöpfe untereinander. So können Sie am besten die Länge der Bastfäden bestimmen. Binden Sie jeweils eine Holzperle an das Bastende, ziehen Sie das andere Ende durch das Loch des Tontöpfchens und schon können Sie die Figur aufhängen oder zusammenfügen. Bei den Mobiles knoten Sie die Tontöpfe jeweils an die Enden der Mobilestäbe. Durch Verschieben der Knoten nach innen oder außen können Sie die Mobiles ausbalancieren.

Mobile mit Biene und Blumen

Motivgröße

ca. 25 cm x 50 cm

Material

- 4 Tontöpfe, ø 4/5 cm
- 1 Tontopf, ø 6/7 cm
- Modelliermasse
- Terrakotta-Stift in Gelb, Schwarz, Weiß, Grün und Rot
- 2 Holzperlen in Schwarz, ø 1 cm
- Chenilledraht in Schwarz, 2 x 15 cm lang
- 1 Pompon in Schwarz, ø 1,5 cm
- 2 Mobile- bzw. Schaschlikstäbe, je 23 cm lang
- Bast in Natur
- 5 Holzperlen, ø 1,5 cm
- Klarlack

Vorlagenbogen A

Malen Sie die Tontöpfe gemäß der Abbildung und der Zeichnungen auf dem Vorlagenbogen an. Die Blätter, Bienenaugen und Bienenflügel finden Sie ebenfalls auf dem Vorlagenbogen. Die Blütenblätter werden der Abbildung entsprechend modelliert und sind ca. 2,5 bis 3 cm lang. Beachten Sie dabei auch die Anleitung auf S. 5. Das rote Innere der Blume auf dem Kopf der Biene hat einen Kreisdurchmesser von ca. 1,5 cm.
Sind die modellierten Objekte gut getrocknet, können Sie diese anmalen und nach dem Trocknen der Farbe ankleben. Zum Schluss kleben Sie den Pompon als Nase und den Chenilledraht als Fühler auf. Auf den Draht werden zwei schwarze Holzperlen gezogen und mit einem Punkt Klebstoff fixiert.
Nun können Sie die Objekte mit Bast und Holzperlen an den Mobilestäben festbinden. Orientieren Sie sich dabei an der Abbildung und beachten Sie die Hinweise auf S. 5.

Unser Tipp

Wenn Sie die Figuren mit Klarlack überziehen, machen Sie das Mobile witterungsbeständig. Dann wird es zum schönen Blickfang auf Ihrem Balkon oder Ihrer Terrasse.

Stelldichein von grünen Freunden

Raupe

Dieses Windspiel haben wir fertig gekauft und mit grüner Farbe bemalt. Nach dem Trocknen tragen Sie die grüne Plusterfarbe laut Abbildung auf und plustern sie mit einem Föhn auf. Halten Sie sich dabei an die Herstellerangaben auf der Tube. Modellieren Sie die Blumen und die Zähne der Raupe anhand der Zeichnungen auf dem Vorlagenbogen. Nach dem Trocknen der Modelliermasse werden die Blumen in Weiß, Rosa und Hellblau bemalt. Kleben Sie zum Schluss die Zähne und Blumen an die Raupe.

Frosch

siehe Seite 10

Motivgröße
ca. 7 cm x 90 cm

Material

- 1 Windspiel aus Tontöpfen, ca. 90 cm lang, ø 6,5 cm
- Modelliermasse
- Terrakotta-Stift in Grün, Weiß, Schwarz, Rosa und Hellblau
- Plusterfarbe in Grün
- Föhn

Vorlagenbogen A

Unser Tipp

Sie können dieses Windspiel auch aus zehn gleich großen Tontöpfchen selbst basteln. Hierzu benötigen Sie außerdem Holzperlen, die größer sind als die Löcher in den Tontöpfen, sowie Bast oder ein entsprechend langes, stabiles Seil. Fädeln Sie jeweils eine Perle auf den Bast oder das Seil und verknoten Sie die Perle. Dann ziehen Sie Bast bzw. Seil durch das Loch des Tontopfes. Fahren Sie so fort, bis entsprechend viele Tontöpfe untereinander hängen. Dann dekorieren Sie die Töpfe wie oben beschrieben.

Frosch

Abbildung Seite 9

Grundieren Sie den Frosch zunächst mit der grünen Farbe. Die kleinen Töpfchen für die Augen sind weiß angemalt. Nach dem Trocknen werden die schwarzen Pupillen aufgemalt und Nasenlöcher und Mund laut Vorlagenbogen gezeichnet.
Kleben Sie nun den Tüll mit Sekundenkleber in den großen Tontopf. Teilen Sie den Basteldraht in vier gleich lange Stücke und fädeln Sie die Perlen und die Moosgummifüße laut Abbildung auf. Zum Befestigen der Arme und Beine haben wir an den Enden jeweils ein Quadrat (ca. 1 cm x 1 cm groß) aus Moosgummi fixiert. Tragen Sie Klebstoff auf und kleben Sie nun Arme und Beine laut Abbildung an. Abschließend werden die beiden „Augen“ ebenfalls festgeklebt. Jetzt sind beide Figuren fertig für ein nettes Stelldichein!

Motivgröße
ca. 11 cm x 15 cm

Material
- 1 Tontopf, ø 10/11 cm
- 2 Tontöpfe, ø 4/5 cm
- Terrakotta-Stift in Grün, Schwarz und Weiß
- 30 Holzperlen in Grün, ø 0,5 cm
- 6 Holzperlen in Dunkelgrün, ø 1,5 cm
- Moosgummirest in Grün
- Tüllrest in Blau
- Basteldraht in Grün, ca. 60 cm lang

Vorlagenbogen A

Motivgröße
ca. 23 cm x 27 cm

Material
- 1 Tontopf, ø 10/11 cm
- 1 Tontopf, ø 15/16 cm
- 1 Tonuntersetzer, ø 23 c
- Terrakotta-Stift in Blau, Weiß, Grün, Gelb, Rot, Schwarz und Rosa
- Stupfpinsel

Vorlagenbogen A

Eine Schale für Vogelfutter

Grundieren Sie die Tontöpfe und den Tonuntersetzer in einem ersten Durchgang in Blau. Nach dem Trocknen der Farbe bringen Sie laut Abbildung die weißen Flächen mit einem Stupfpinsel auf. Dazu drücken Sie etwas Farbe aus dem Stift und nehmen diese mit dem Pinsel auf. Nach dem erneuten Trocknen können Sie die Motive vom Vorlagenbogen auf die beiden Tontöpfe übertragen und ausmalen.

Unser Tipp
Um die Farben witterungsbeständig zu machen überziehen Sie die Tontöpfe und den Untersetzer mit Klarlack. Dann können Sie die Vogelfutterschale aufstellen.

Motivgröße

je Figur ca. 10 cm x 20 cm

Material

- 4 Tontöpfe, ø 6/7 cm
- 2 Tontöpfe, ø 5/6 cm
- 2 Tontöpfe, ø 4/5 cm
- Terrakotta-Stift in Hellblau, Dunkelblau, Gelb, Weiß, Rot, Rosa, Grün, Hellgrün, Schwarz und Lila
- 10 Holzperlen in Blau, ø 1 cm
- 10 Holzperlen in Gelb, ø 1 cm
- 4 Holzperlen in Natur, ø 1,5 cm
- Nylonfaden
- Moosgummirest in Gelb
- 2 Pompons in Rot, ø 1,5 cm
- Bast in Natur

Vorlagenbogen A

Witzige Geschenkverpackungen

Die Anleitung für die Maus finden Sie auf Seite 14.

Clowns

Malen Sie zunächst die Tontöpfe gemäß der Abbildung und der Zeichnungen auf dem Vorlagenbogen an. Fädeln Sie pro Arm sechs Quadrate aus Moosgummi (jeweils 1 cm x 1 cm groß) und fünf kleine Perlen abwechselnd auf den Nylonfaden. Den Abschluss bildet eine große naturfarbene Perle. Kleben Sie die Arme der Clowns an. Mit Sekundenkleber werden die Pompon-Nasen im Gesicht sowie die Haare aus Bast fixiert. Beim Clownjungen kleben Sie hierzu mehrere ca. 5 cm lange Baststücke an das Gesicht. Das Clownmädchen erhält Bastzöpfe, die ca. 14 cm lang sind und vor dem Ankleben geflochten werden. Die Hüte werden lose in die Köpfe eingesetzt, damit auch hier noch nette Kleinigkeiten versteckt werden können.
Binden Sie die Körper mit dem Bast nach dem Befüllen wie ein Geschenkpaket zusammen. Nun können Sie die Köpfe auf die Körper kleben. Zum Schluss werden die Hände des Clownjungen am Bauch bzw. Kopf fixiert.

Maus

Abbildung Seite 12/13

Motivgröße

ca. 7 cm x 9,5 cm

Material

- 1 Tontopf, ø 6/7 cm
- 1 Tonuntersetzer, ø 7 cm
- Terrakotta-Stift in Grau, Hellblau, Schwarz, Rosa, Grün, Hellgrün und Lila
- 2 Wackelaugen, rund, ø 0,9 cm
- Filzrest in Pink
- Bast in Natur
- Pompon in Schwarz, ø 2 cm
- Basteldraht in Schwarz, ca. 15 cm lang
- Schriftzug auf Papier

Vorlagenbogen A

Malen Sie die Maus laut Abbildung und Vorlagen an. Nach dem Trocknen werden die Wackelaugen und die Ohren aus Filz mit Sekundenkleber aufgeklebt. Binden Sie den Tontopf und den Untersetzer nach dem Befüllen mit Bast zusammen. Nun wird der Pompon als Nase fixiert. Als Schwanz wird aus dem Basteldraht eine Spirale geformt. Drehen Sie den Draht hierzu um einen Bleistift. Bringen Sie den Schriftzug „Jede Menge Mäuse für Dich“ an und verknoten Sie das andere Ende am Bast. Fertig ist diese witzige Geschenkidee!

Motivgröße

ca. 10 cm x 23 cm

Material

- 1 Tonuntersetzer, ø 23 cm
- 1 Tontopf, ø 6,5/13
- Terrakotta-Stift in Schwarz, Gelb, Grün, Rot und Blau
- Klarlack

Vorlagenbogen A

Bunte Obst-schale

Diese schöne Obstschale haben Sie schnell gearbeitet. Grundieren Sie den Tontopf und den Tonuntersetzer zunächst mit der gelben Farbe. Übertragen Sie dann das Motiv vom Vorlagenbogen und malen Sie dieses laut Abbildung aus. Den Tonuntersetzer können Sie abschließend auf den Topf kleben.

Unser Tipp

Überziehen Sie die Obstschale mit Klarlack. Dann können Sie sie auch feucht auswischen.

Motivgröße
ca. 30 cm x 80 cm

Material

- 4 Tontöpfe, ø 10/11 cm
- 2 Tontöpfe, ø 6/7 cm
- 1 Tontopf, ø 18/20 cm
- 1 Tontopf, ø 14/15 cm
- 1 Tontopf, ø 20/22 cm
- 1 Tontopf, ø 30/34 cm
- 1 Keramik-Wandtopf, 3,5 cm
- Terrakotta-Stift in Blau, Weiß, Schwarz, Gelb, Rosa, Grün, Rot und Hellgrün
- Dickes Seil in Braun, 160 cm lang, ø 1 cm
- Bast in Natur, mehrere Stücke, je 60 cm lang
- 1 Alurohr, ø 11 cm, 30 cm lang
- Klarlack
- Föhn

Vorlagenbogen A

Die Zeitungsfrau

Grundieren Sie die Töpfe in den entsprechenden Farben laut Abbildung und übertragen Sie nach dem Trocknen die einzelnen Motive vom Vorlagenbogen. Schürze, einige Zierlinien und Haare malen Sie bitte gemäß der Abbildung.
Die Borte der Schürze haben wir mit Plusterfarbe gearbeitet, ebenso das Gras am unteren großen Tontopf. Plustern Sie die Farbe entsprechend der Herstellerangaben mit einem heißen Föhn auf. Den Keramik-Wandtopf haben wir auf die Schürze der Zeitungsfrau geklebt. Ist alles gut getrocknet, können Sie die Zeitungsfrau zusammensetzen.
Die Arme haben wir mit einem starken Seil zusammengefügt. Hierzu haben wir nach dem Auffädeln jedes kleinen Tontopfes einen Knoten gebunden. Die Enden des Seils werden durch das Loch des mittleren Tontopfes gezogen (Hemd mit Knöpfen) und auch hier gut verknotet.
Unter dem linken Arm fixieren Sie das Alurohr mit einem Seil, welches Sie durch die Röhre ziehen und um das Seil am Arm knoten. Flechten Sie aus Bast (je nach gewünschter Zopfdicke einige Baststücke, jeweils 60 cm lang) die Zöpfe und fixieren Sie diese am Kopf. Zum Abschluss können Sie die Zeitungsfrau mit einer schönen Pflanze im Kopf sowie Blumen in der Schürzentasche schmücken.
Wer würde nicht gern jeden Morgen die Zeitung von dieser reizenden Dame in Empfang nehmen!

Unser Tipp
Um die Figur zu stabilisieren ist es sinnvoll die Tontöpfe mit Gips oder Holzleim zusammenzufügen.
Außerdem ist es notwendig die Farben mit Klarlack zu überziehen, wenn Sie diese witzige Zeitungsfrau vor Ihre Haustüre stellen.

Witziges Türschild

siehe Seite 18

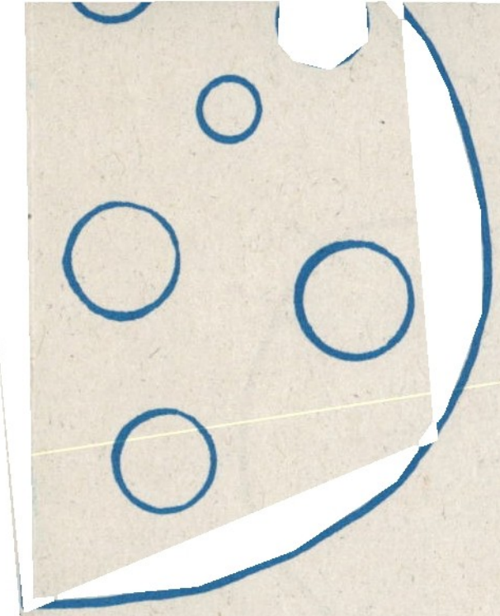

Modellierter Flügel
2 x

Großer Marienkäfer

Etagere mit Schmetterlingen
Seite 19

Leuchtender Tintenfisch
Seite 25

Die Zeitungsfrau

Seite 17

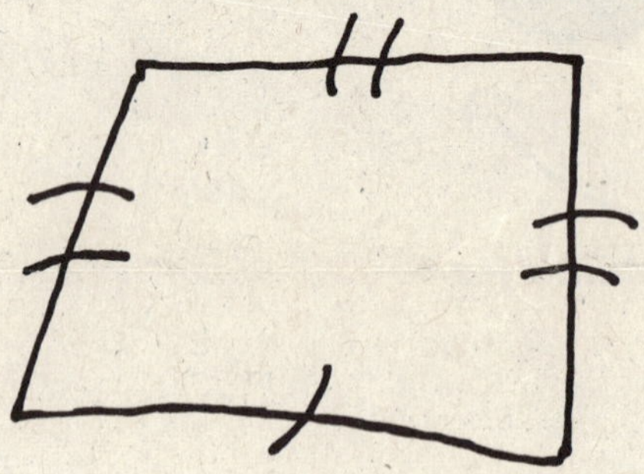

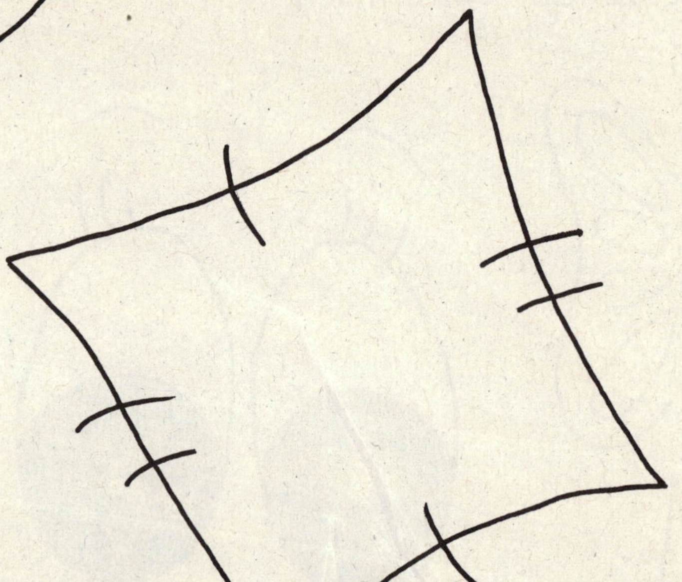

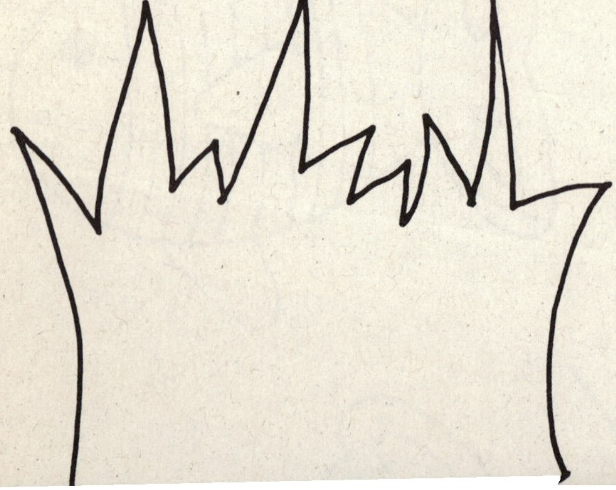

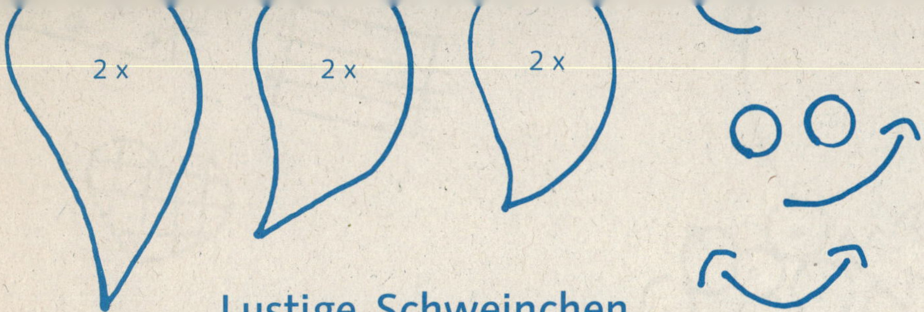

Lustige Schweinchen

Seite 27

Fröhliche Marienkäfer

Seite 23

Kleine Marienkäfer

Bunte Vogelscheuche

Seite 29

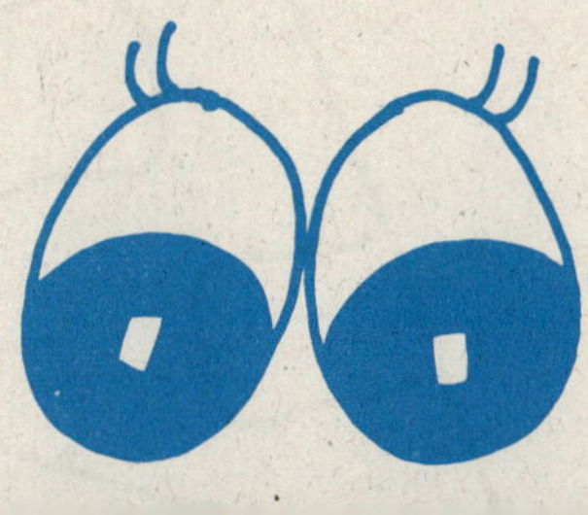

In der Weihnachtszeit

Seite 31

Witzige Geschenkverpackungen

Seite 12/13

Bunte Obstschale

Seite 15

Clowns

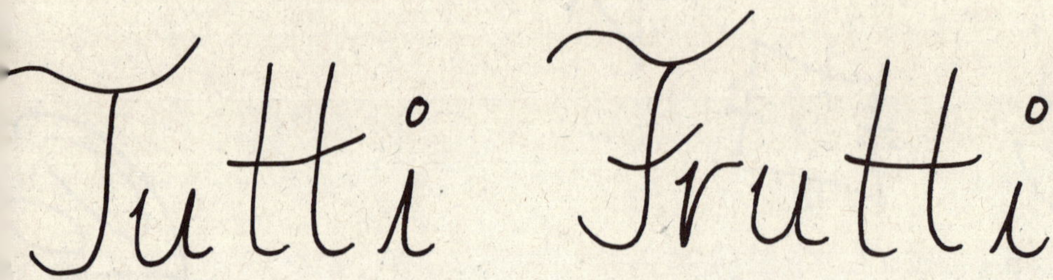

Witziges Türschild

Seite 17

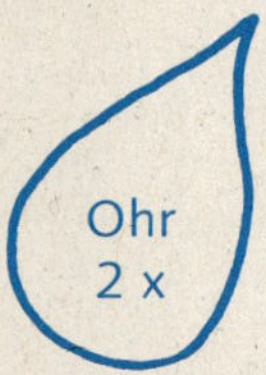

Grünes Männchen im Anflug
Seite 26

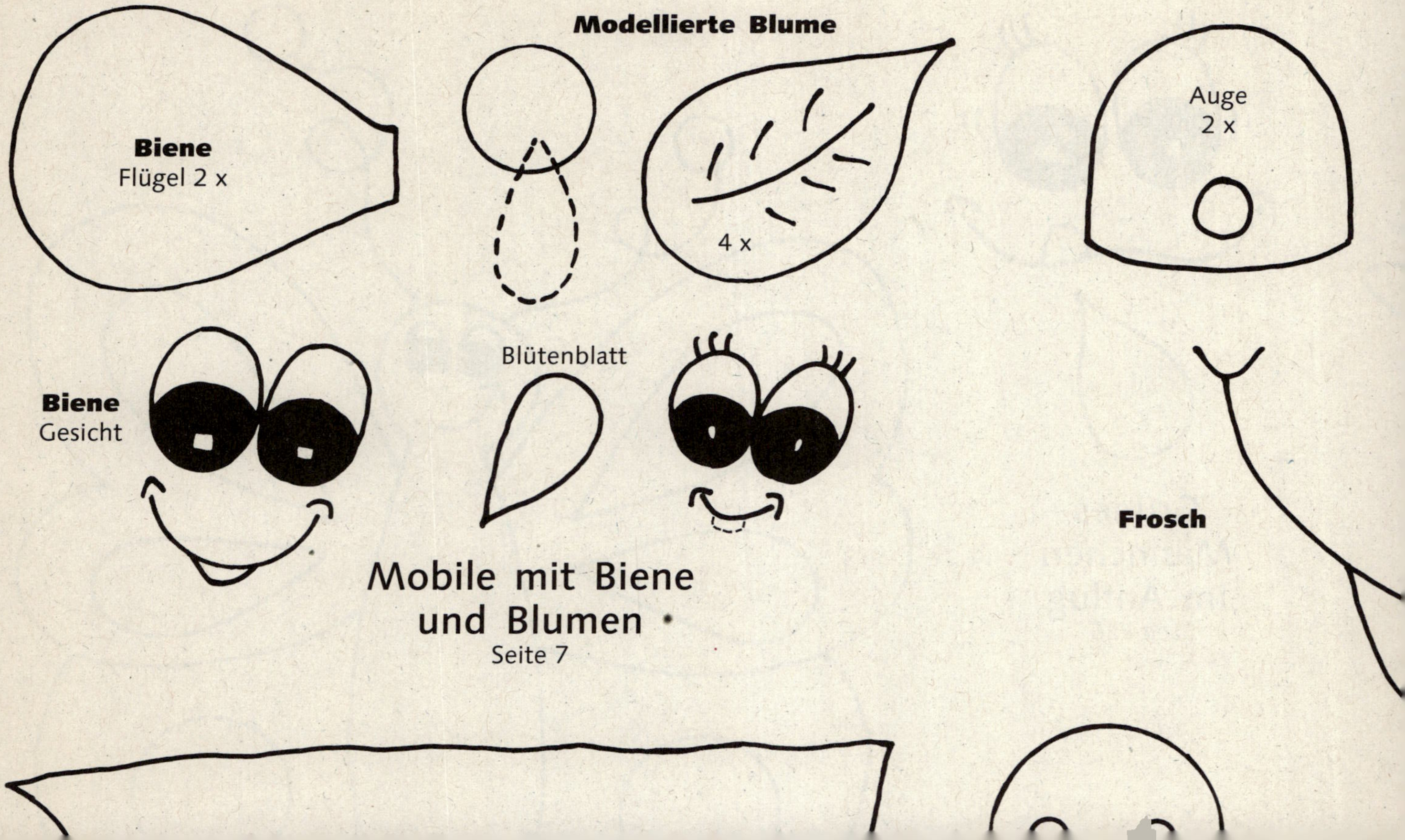
Biene
Flügel 2 x
Modellierte Blume
4 x
Auge
2 x
Biene
Gesicht
Blütenblatt
Frosch
Mobile mit Biene
und Blumen
Seite 7

Maritime Kerzenständer

Seite 20/21

Leuchtturm

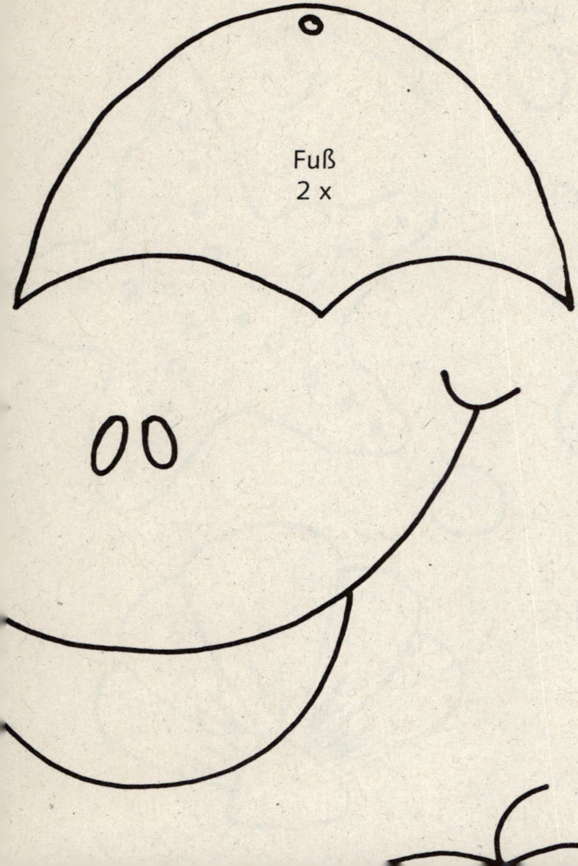

Raupe

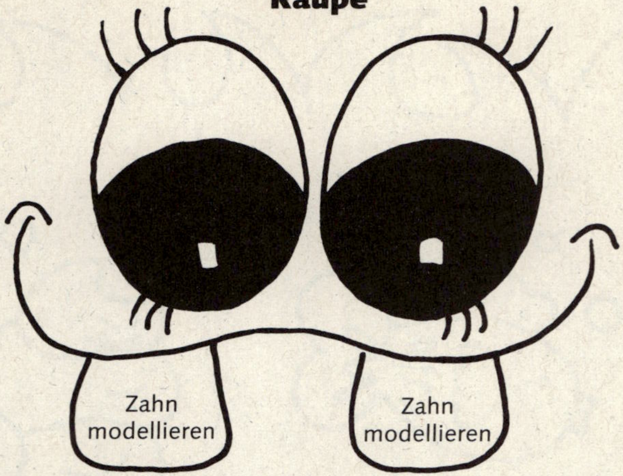

Stelldichein von grünen Freunden

Seite 8/9

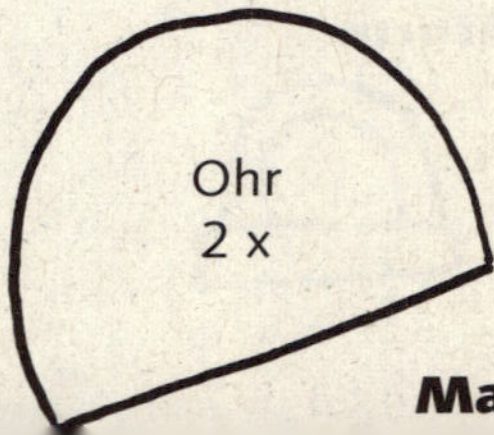

Maus

frechverlag Stuttgart
Ute Iparraguirre De las Casas / Gudrun Schmitt
Tontöpfe bunt und originell
im Material-Mix
Best.-Nr. 3066
Vorlagenbogen A

Augen
„Süßer Engel"

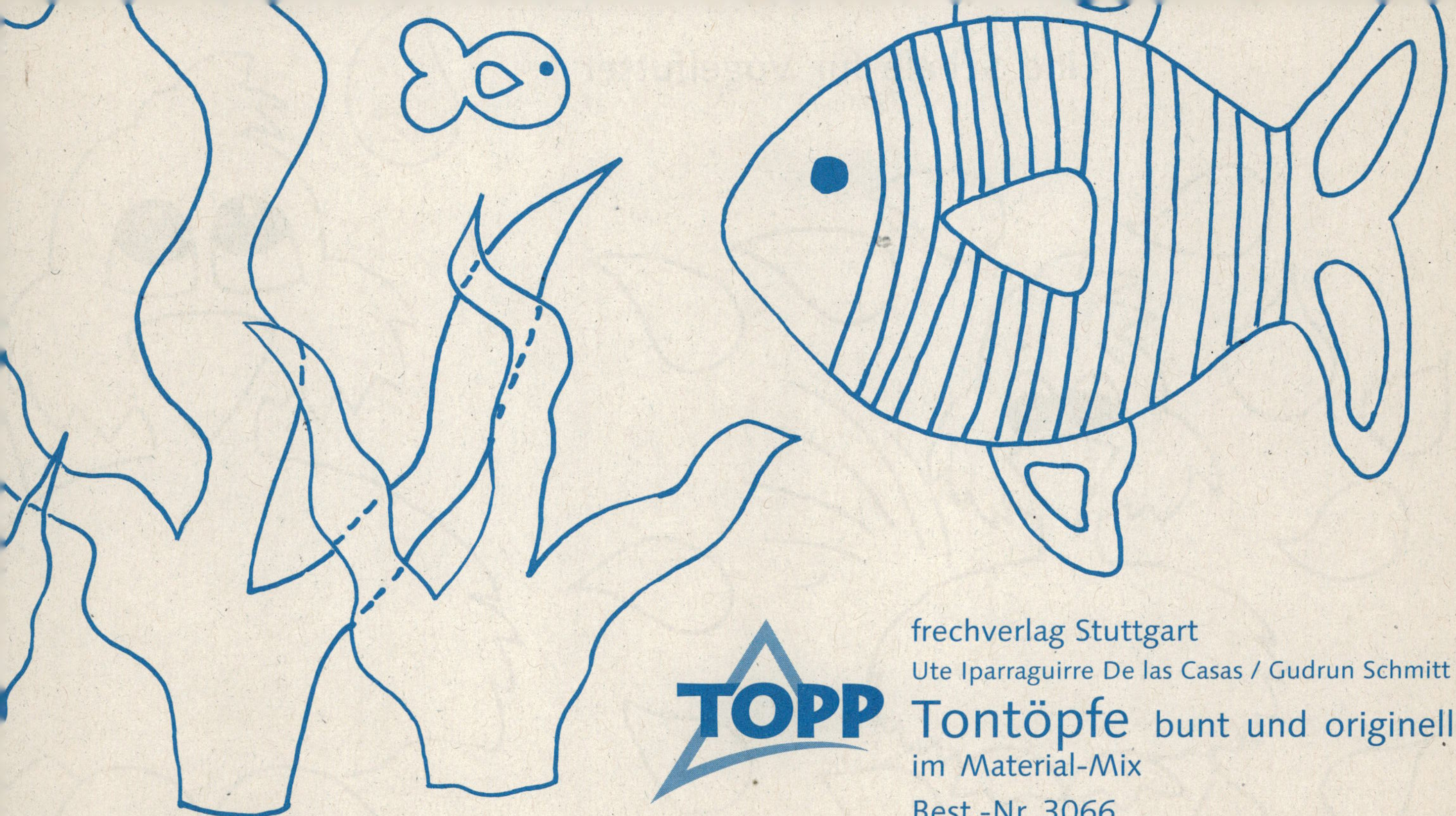

frechverlag Stuttgart
Ute Iparraguirre De las Casas / Gudrun Schmitt
Tontöpfe bunt und originell
im Material-Mix
Best.-Nr. 3066
Vorlagenbogen B

Eine Schale für Vogelfutter

Seite 11

Hier wohnt
Fam. Jparraguirre

Motivhöhe
ca. 90 cm

Material

- 1 Tontopf, ø 18/20 cm
- 1 Tontopf, ø 6/7 cm
- 1 Tontopf, ø 4/5 cm
- 3 Tontöpfe, ø 8/9 cm
- Terrakotta-Stift in Schwarz, Rosa, Gelb, Dunkelblau, Grün, Hellgrün, Braun, Weiß und Rot
- Granitfarbe in Grau
- 3 Klangstäbe, 12 cm lang
- 4 Holzperlen in Natur, ø 1,2 cm
- Bast in Natur, 200 cm lang
- Bambusstab, ø 1 cm, ca. 4 cm lang
- Klarlack
- Nylon- oder Bindfaden

Vorlagenbogen A

Witziges Türschild

Abbildung Seite 17

Bemalen Sie die Tontöpfe laut Abbildung und Vorlagenbogen. Einige Steine am Haus und die Hauswand werden zusätzlich mit der Granitfarbe bemalt. Den Schornstein kleben Sie an. Fügen Sie die Tontöpfe mit dem Bast und den Perlen zusammen. Orientieren Sie sich hierzu an der Anleitung auf S. 5. Binden Sie die Figuren an den Bambusstab, ziehen Sie durch diesen außerdem eine Schlaufe aus Bast und fädeln Sie nun das Windspiel durch das Loch des oberen Tontopfs. Die Klangstäbe werden mit Nylon- oder einem stärkeren Bindfaden angebracht. Ziehen Sie diesen durch die Holzperle des unteren Tontopfes und verknoten Sie den Faden gut. Überziehen Sie die Töpfe anschließend mit Klarlack.

Unser Tipp
Behandeln Sie die Etagere mit Klarlack, dann können Sie sie hübsch im Freien dekorieren.

Etagere mit Schmetterlingen

Grundieren Sie die Tontöpfe und die Tonuntersetzer gemäß der Abbildung. Übertragen Sie die Schmetterlinge vom Vorlagenbogen auf die Tontöpfe und malen Sie diese aus.
Nach dem Trocknen können Sie die einzelnen Elemente laut Abbildung aufeinanderstapeln bzw. zusammenleimen.

Motivgröße
ca. 30 cm x 45 cm

Material

- 1 Tontopf, ø 18/20 cm
- 1 Tontopf, ø 16/18 cm
- 1 Tonuntersetzer, ø 27 c
- 1 Tonuntersetzer, ø 23 c
- Terrakotta-Stift in Rot, Blau, Gelb, Grün, Weiß und Schwarz
- Klarlack

Vorlagenbogen B

Maritime Kerzenhalter

Mit diesen Kerzenhaltern zaubern Sie schnell eine maritime Atmosphäre auf Ihren Tisch!

Fische-Motiv

Grundieren Sie die Tontöpfe bzw. den Tonuntersetzer. Nach dem Trocknen werden die Motive übertragen. Danach werden die Einzelteile übereinander fixiert. Füllen Sie den Sand und das Seeglas in den Tonuntersetzer und drücken Sie das Teelicht in der Mitte fest.

Weiter auf Seite 22

Motivgröße
ca. 11 cm x 15 cm

Material
- 1 Tontopf, ø 8/9 cm
- 1 Tontopf, ø 5/6 cm
- 1 Tonuntersetzer, ø 11 cm
- Terrakotta-Stift in Weiß und Blau
- Dekosand
- Seeglas in verschiedenen Blautönen und Weiß
- 1 Teelicht

Vorlagenbogen B

Motivgröße
ca. 13 cm x 17 cm

Material
- 1 Tontopf, ø 10/11 cm
- 1 Tontopf, ø 6/7 cm
- 1 Tonuntersetzer, ø 13 cm
- Terrakotta-Stift in Weiß und Blau
- Dekosand
- Seeglas in verschiedenen Blautönen und Weiß
- 1 Teelicht

Vorlagenbogen B

Seestern-Motiv

Bemalen Sie die Tontöpfe und den Untersetzer gemäß der Abbildung und der Zeichnungen auf dem Vorlagenbogen. Nach dem Trocknen werden die einzelnen Teile aufeinander geklebt. Füllen Sie abschließend den Sand und das Seeglas in den Untersetzer und drücken Sie das Teelicht hinein.

Leuchtturm

Malen Sie die Tontöpfchen laut Abbildung und Vorlagenbogen an und kleben Sie diese nach dem Trocknen übereinander. Das Teelicht können Sie mit Sekundenkleber befestigen.

Motivgröße
ca. 7 cm x 15 cm

Material
- 1 Tontopf, ø 6/7 cm
- 1 Tontopf, ø 5/6 cm
- 1 Tontopf, ø 4/5 cm
- Terrakotta-Stift in Weiß, Schwarz und Blau
- 1 Teelicht

Vorlagenbogen B

Motivgröße
ca. 25 cm x 50 cm

Material
- 5 Tontöpfe, ø 5/6 cm
- 1 Tontopf, ø 6/7 cm
- Modelliermasse
- Terrakotta-Stift in Rot, Schwarz und Weiß
- Chenilledraht in Weiß, 8 x 10 cm la
- Chenilledraht in Rot, 4 x 7 cm lang
- 1 Pompon in Rot, ø 1,5 cm
- 2 Mobile- bzw. Schaschlikstäbe, je 23 cm lang
- Bast in Natur
- 6 Holzperlen in Natur, ø 1,5 cm

Vorlagenbogen B

Fröhliche Marienkäfer

Zunächst werden die Tontöpfe entsprechend der Zeichnungen auf dem Vorlagenbogen und der Abbildung bemalt. Der Marienkäfermutter haben wir zusätzlich noch Flügel aus Modelliermasse geformt. Lassen Sie die Farben bzw. die Modelliermasse gut trocknen. Die Flügel werden nach dem Trocknen ebenfalls mit dem Terrakotta-Stift angemalt. Kleben Sie den Pompon als Nase und den Chenilledraht als Fühler auf.
Nun können Sie die Marienkäfer mit Bast und Perlen an die Mobilestäbe hängen. Beachten Sie dabei die Anleitung auf Seite 5.

Motivgröße
ca. 30 cm x 45 cm

Material
- 1 Tontopf, ø 10/11 cm
- 1 Tontopf, ø 24/28 cm
- Terrakotta-Stift in Lila, Weiß, Schwarz, Dunkelblau, Gelb, Blau, Rot und Dunkelgrün
- Plusterfarbe in Grün
- 18 Holzperlen in Weiß, ø 1 cm
- 18 Holzperlen in Schwarz, ø 1,5 cm
- Moosgummirest in Flieder
- Nylonfaden
- 3 Reißzwecken
- Kerze
- Föhn

Vorlagenbogen B

Leuchtender Tintenfisch

Bemalen Sie die Tontöpfe gemäß der Abbildung und der Zeichnungen auf dem Vorlagenbogen. Sind die Farben gut getrocknet, tragen Sie die Algen aus Plusterfarbe auf und plustern diese laut Herstellerangaben mit einem Föhn auf. Für die Arme des Tintenfisches fädeln Sie abwechselnd die Perlen und die Moosgummiquadrate von 1 cm x 1 cm Größe auf den Nylonfaden. Jeder Arm besteht aus je drei weißen und schwarzen Holzperlen sowie aus sechs Moosgummistücken. Kleben Sie die Beine am kleinen Tontopf (Tintenfischkörper) fest.
Nun wird dieser auf den großen Tontopf geklebt. Jetzt können Sie die Kerze auf dem Tintenfischkopf befestigen. Hierzu haben wir drei Reißzwecken mit Sekundenkleber auf den Tontopf geklebt und die Kerze aufgesteckt.

Unser Tipp
Basteln Sie den Tintenfisch mehrfach und dekorieren Sie die Tintenfische um den großen Kerzenständer. So bekommen Sie eine leuchtende Unterwasserlandschaft für Ihre nächste Gartenparty.

Grünes Männchen im Anflug

Abbildung auch Seite 1

Grundieren Sie zunächst den Tontopf mit der Granitfarbe. Modellieren Sie für die Kerzen drei unterschiedlich hohe Kerzenhalter. Dazu werden je nach Kerzendurchmesser drei im Durchmesser ca. 1 cm dickere Rollen geformt. Dann drücken Sie die Kerzen in die Modelliermasse. Nach dem Trocknen werden die Kerzenhalter aufgeklebt und ebenfalls mit Granitfarbe überstrichen. Malen Sie das kleine Tontöpfchen in Grün an. Nach dem Trocknen werden die Augen und der Mund aufgemalt. Die Antennen haben wir aus Basteldraht gebogen und mit Sekundenkleber befestigt. Die Ohren werden laut Vorlagenbogen aus Modelliermasse gearbeitet und nach dem Bemalen und Trocknen fixiert.

Motivgröße

ca. 19 cm x 20 cm

Material

- 1 Tontopf, ø 19/10 cm
- 1 Tontopf, ø 4/5 cm
- Modelliermasse
- Granitfarbe in Grau
- Terrakotta-Stift in Grün, Weiß und Schwarz
- Basteldraht in Silber, 3 x 10 cm lang, ø 0,1 cm

Vorlagenbogen B

Lustige Schweinchen

Zunächst werden die Tontöpfe in Rosa grundiert. Die Schweineschnauzen und -ohren gestalten Sie mit Modelliermasse direkt auf den bemalten Tontöpfen. Nach dem Trocknen können Sie auch diese Teile rosa bemalen. Danach werden die Wackelaugen mit Sekundenkleber aufgeklebt und der Rest des Gesichts wird aufgemalt.
Für das Gehänge modellieren Sie vier Kugeln mit einem Durchmesser von ca. 2,5 cm sowie drei etwas kleinere Kugeln. Durchstechen Sie diese mit einer dicken Nähnadel. Ziehen Sie nach dem Trocknen und Bemalen den Bast durch die Löcher und fädeln Sie die Bambusstücke auf, die zur Hälfte ebenfalls bemalt werden. Nun können Sie die Schweinchen mit dem Bast und den Holzperlen zusammenfügen und mit den übrigen modellierten Kugeln dekorieren. Beachten Sie hierzu auch die allgemeine Anleitung auf Seite 4/5.

Motivlänge
ca. 50 cm

Material
- 1 Tontopf, ø 3/4 cm
- 1 Tontopf, ø 4/5 cm
- 1 Tontopf, ø 5/6 cm
- Terrakotta-Stift in Rosa und Schwarz
- Modelliermasse
- 6 Wackelaugen, oval, ø ca. 1 cm
- 4 Bambusstäbe in Natur, je 8 cm lang, ø 1,5 cm
- Bast in Natur
- 3 Holzperlen, ø 1,5 cm
- Dicke Nähnadel

Vorlagenbogen B

Weihnachtsbaum

Abbildung Seite 32

Motivgröße

ca. 22 cm x 35 cm

Material

- 1 Tontopf, ø 20/22 cm
- 1 Tontopf, ø 15/16 cm
- 1 Tontopf, ø 10/11 cm
- 1 Tontopf, ø 6/7 cm
- 8 Tontöpfe, ø 3/4 cm
- 1 Tonuntersetzer, ø 23 cm
- 1 Tonuntersetzer, ø 19 cm
- Granitfarbe in Grün
- Plusterfarbe in Weiß
- Glitterfarbe in Silber
- Föhn

Grundieren Sie die Tontöpfe und die Untersetzer mit der grünen Granitfarbe. Nun wird die weiße Plusterfarbe aufgetragen und mit einem Föhn aufgeplustert. Beachten Sie dabei bitte die Herstellerangaben. Bemalen Sie den Rand einiger kleiner Töpfe mit Glitterfarbe. Die kleinen Tontöpfe haben wir auf den Rändern der Tonuntersetzer platziert. Auf der unteren Etage wurden vier, auf der oberen Etage drei kleine Tontöpfe fixiert. Den Abschluss bildet der Kerzenhalter auf der Spitze. Nun wird der Baum laut Abbildung aufeinander gestapelt. Um ihn stabiler zu machen können Sie die Töpfe zusammenkleben. Ist alles gut getrocknet, können Sie die Kerzen hineinstecken.

Bunte Vogelscheuche

Motivgröße

ca. 20 cm x 40 cm

Material

- 3 Tontöpfe, ø 4/5 cm
- 2 Tontöpfe, ø 5/6 cm
- 3 Tontöpfe, ø 6/7 cm
- 1 Tontopf, ø 10/11 cm
- Terrakotta-Stift in Grün, Weiß, Gelb, Blau, Schwarz, Rot, Hellgrün, Lila, Orange, Rot, Rosa und Hellblau
- 2 Holzperlen in Dunkelbraun, ø 1,5 cm
- 8 Holzperlen, ø 1,5 cm, zum Aufhängen
- Bast in Natur

Vorlagenbogen B

Grundieren Sie die Tontöpfe laut Abbildung. Nach dem Trocknen werden die Flicken, Blumen und das Gesicht der Vogelscheuche aufgemalt. Kleben Sie mehrere Baststücke (ca. 5–7 cm lang) als Haare auf bzw. in die Arme. Binden Sie zwei Bastschleifen und kleben Sie diese auf die Schuhe. Den Hut der Vogelscheuche haben wir in den Kopf geklebt. Nun wird die Vogelscheuche mit dem Bast und den Perlen zusammengefügt. Beachten Sie dabei die Anleitung auf S. 5. Denken Sie daran, dass die Holzperlen zum Aufhängen immer größer sein müssen als der Durchmesser der Löcher in den Tontöpfen.

Motivgröße

ca. 15 cm x 40 cm

Material

- 1 Tontopf, ø 12/14 cm
- 1 Tontopf, ø 10/11 cm
- Terrakotta-Stift in Orange, Weiß, Schwarz und Rot
- Plusterfarbe in Weiß
- 10 Holzperlen in Weiß, ø 1 cm
- 2 Holzperlen in Natur, ø 1,5 cm
- 1 Moosgumikugel in Hautfarben, ø 2 cm
- Watte für den Bart
- Nylonfaden
- Moosgummirest in Rot
- Filzstück in Rot, 60 cm x 25 cm
- Satinband in Weiß, 1 cm breit, 20 cm lang
- Föhn

Vorlagenbogen B

Nikolaus mit Füllung

Bemalen Sie die Tontöpfe entsprechend der Abbildung und der Vorlage. Fixieren Sie die Nase aus Moosgummi mit Sekundenkleber. Tragen Sie die Plusterfarbe auf und plustern Sie sie laut Herstellerangaben auf. Der Kopf wird auf den Körper geklebt. Den Bart und den Mantelkragen aus Watte haben wir aufgeklebt. Fädeln Sie für jeden Arm abwechselnd sechs kleine Quadrate aus Moosgummi (je 1 cm x 1 cm groß) und fünf weiße Perlen auf den Nylonfaden. Den Abschluss bildet eine naturfarbene Perle. Kleben Sie anschließend die Arme mit Sekundenkleber an den Körper. Das Filzstück fixieren Sie im oberen Tontopf. Füllen Sie Süßigkeiten oder kleine Geschenke ein und verschließen Sie die Mütze mit dem Satinband.

„Süßer" Engel

Malen Sie die Tontöpfe für den Engel gemäß der Abbildung und der Zeichnungen auf dem Vorlagenbogen an. Die Nase aus Moosgummi haben wir mit Sekundenkleber aufgeklebt. Die Zöpfe des Engels werden an einem Stück gearbeitet. Flechten Sie von einem Ende aus nach oben, sparen Sie in der Mitte ca. 25 – 30 cm aus und flechten Sie den zweiten Zopf. Nun können Sie die Haare mit Sekundenkleber am vorderen Teil des Tontopfes befestigen. Fixieren Sie mit Klebstoff die Flügel am Rücken und den Kopf auf dem Körper. Nun können Sie allerlei Süßigkeiten in den Kopf füllen.

Motivgröße

ca. 20 cm x 25 cm

Material

- 1 hoher Tontopf, ø 15/12 cm
- 1 Tontopf, ø 10/11 cm
- Engelsflügel aus Federn, ca. 12 cm hoch
- Terrakotta-Stift in Orange, Gold, Weiß, Schwarz und Rot
- Bast in Gold, mehrere Stücke, je 90 cm lang
- 1 Moosgummikugel in Hautfarben, ø 2 cm

Vorlagenbogen B

Weihnachtsbaum

Beschreibung Seite 28